BEI GRIN MACHT SICH IHR WISSEN BEZAHLT

AF144588

- Wir veröffentlichen Ihre Hausarbeit,
  Bachelor- und Masterarbeit

- Ihr eigenes eBook und Buch -
  weltweit in allen wichtigen Shops

- Verdienen Sie an jedem Verkauf

Jetzt bei www.GRIN.com hochladen und kostenlos publizieren

Heike Obermanns

Das Problem der »Realität« der Zeit in Peter Bieris »Zeit und Zeiterfahrung«

GRIN Verlag

Bibliografische Information der Deutschen Nationalbibliothek:

Die Deutsche Bibliothek verzeichnet diese Publikation in der Deutschen National-
bibliografie; detaillierte bibliografische Daten sind im Internet über http://dnb.d-
nb.de/ abrufbar.

Dieses Werk sowie alle darin enthaltenen einzelnen Beiträge und Abbildungen
sind urheberrechtlich geschützt. Jede Verwertung, die nicht ausdrücklich vom
Urheberrechtsschutz zugelassen ist, bedarf der vorherigen Zustimmung des Verla-
ges. Das gilt insbesondere für Vervielfältigungen, Bearbeitungen, Übersetzungen,
Mikroverfilmungen, Auswertungen durch Datenbanken und für die Einspeicherung
und Verarbeitung in elektronische Systeme. Alle Rechte, auch die des auszugsweisen
Nachdrucks, der fotomechanischen Wiedergabe (einschließlich Mikrokopie) sowie
der Auswertung durch Datenbanken oder ähnliche Einrichtungen, vorbehalten.

Impressum:

Copyright © 1999 GRIN Verlag GmbH
Druck und Bindung: Books on Demand GmbH, Norderstedt Germany
ISBN: 978-3-638-83567-1

Dieses Buch bei GRIN:

http://www.grin.com/de/e-book/78765/das-problem-der-realitaet-der-zeit-in-peter-
bieris-zeit-und-zeiterfahrung

GRIN - Your knowledge has value

Der GRIN Verlag publiziert seit 1998 wissenschaftliche Arbeiten von Studenten, Hochschullehrern und anderen Akademikern als eBook und gedrucktes Buch. Die Verlagswebsite www.grin.com ist die ideale Plattform zur Veröffentlichung von Hausarbeiten, Abschlussarbeiten, wissenschaftlichen Aufsätzen, Dissertationen und Fachbüchern.

Besuchen Sie uns im Internet:

http://www.grin.com/

http://www.facebook.com/grincom

http://www.twitter.com/grin_com

HOCHSCHULE FÜR PHILOSOPHIE MÜNCHEN

Wintersemester 1998/99

Seminar:

Philosophische Untersuchung des Begriffs »Zeit«

Seminararbeit zum Thema:

Das Problem der »Realität« der Zeit:
Peter Bieri :
»Zeit und Zeiterfahrung« (Frankfurt a.M. 1972)

von

Heike Obermanns

Inhaltsverzeichnis

I   Fragestellung

Peter Bieris Untersuchung »Zeit und Zeiterfahrung« will den Problembereich systematisch entfalten, in dessen Mittelpunkt die Frage steht, ob es eine »reale Zeit« gibt bzw. ob diese Frage im strikten Sinne überhaupt zu beantworten ist. Die klassische metaphysische Fragestellung, ob es etwas »in der Realität«, d.h. außerhalb unserer Vorstellungswelt >gibt<, stellt demnach das Motiv seiner Analysen. Kann man überhaupt von Zeit und Zeiterfahrung sprechen, fragt Bieri, ohne dabei zugleich stets von einer *realen* Zeit, die unabhängig von unserem Bewußtsein besteht, auszugehen?

Um diese Frage angemessen behandeln zu können, will Bieri die bisher in der Philosophie relativ unabhängig voneinander entwickelten Aussagen zur Zeit und Zeiterfahrung zusammentragen und aufeinander beziehen. Dabei geht es um die Aussagen der analytischen Philosophie zur Begriffsanalyse von Zeit sowie um die Positionen der Transzendentalphilosophie, welche in der Tradition Kants zum Bereich der »objektiven Zeit« und bei Husserl zum Bereich der »subjektiven Zeit« führen. Sowohl also die Analysen zum Begriff »Zeit« als auch die Theorien, die zur Annahme einer objektiven oder subjektiven »Zeiterfahrung« geführt haben, befragt Bieri in seiner anspruchsvollen Untersuchung, ob sie das Realitätsproblem der Zeit erschöpfend geklärt haben. Er kommt dabei zu dem Schluß, daß dies noch nicht der Fall ist und daß dies die Annahme einer realen, bewußtseinsunabhängig gegebenen Zeit nahelege.

II Zeiterfahrung

Die Frage der Realität von Zeit entscheidet sich, so Bieri, nur mit Blick auf die Analysen unserer *Zeiterfahrung,* wie sie bei Kant und Husserl vorliegen. *Zeiterfahrung* bleibe aber einfach logisch und semantisch unverständlich, wenn man nicht von real gegebener Zeit ausgehe. Die Untersuchung der Zeiterfahrung ist ihm deshalb so wichtig, weil sie sich von anderen Wahrnehmungsvorgängen, also der Ding- und Raumwahrnehmung, in drei wichtigen Aspekten unterscheide[1]:

1. Zeiterfahrung ist *universeller* als jede andere Erfahrung. Aus keiner unserer Erfahrungen kann man sich Zeit wegdenken, während man von Raum- und Gegenstandserfahrung abstrahieren kann.

2. Zeiterfahrung ist selbst *keine* sinnliche Wahrnehmung, sondern Bedingung und Voraussetzung für jede sinnliche Erfahrung.

3. Zeiterfahrung kann *selbst als Zeiterfahrung* auftreten. Sie kann sich selbst als zeitlich darstellen, während Raum- und Gegenstandserfahrung nie selbst räumlich oder gegenständlich ist.

Man kann daher fragen, ob die Zeiterfahrung selbst ein Geschehen in der Zeit ist - das führt Bieri zur Frage der Realität von Zeit; bei anderen Bewußtseinserfahrungen sei diese Frage nicht sinnvoll. Dies lege es ihm nahe, Zerterfahrung gerade nicht als bloßen Modus von Subjektivität aufzufassen, wie es in der Nachfolge Kants vor allem Husserl tat.

---

[1] Vgl. Bieri, S. 13f.

III Zum Zeitbegriff

1. Das Definitionsproblem

Eine Begriffsanalyse von Zeit steht vor dem Problem, daß man bei Definieren des Begriffs lediglich von unserer Zeiterfahrung ausgehen kann, obwohl man, so Bieri, doch wissen will, ob Zeit *mehr* sei als ein Modus der Erfahrung. Im Gegensatz zu anderen Begriffen läßt sich daher für den Begriff »Zeit« keine zirkelfreie Realdefinition formulieren. Man kann »Zeit« nicht auf Bestimmungen zurückfuhren, die nicht bereits selbst als »zeitlich« bezeichnet wären. Man kann nur verschiedene *Gebrauchsweisen* des Begriffs angeben.

Bieri bezieht sich hier auf *Wittgenstein*[2], für den die Frage »Was ist Zeit?«, wenn sie als Definitionsfrage verstanden wird, zu den bekannten verblüffenden Schwierigkeiten führt; nämlich zu denjenigen, die Augustinus in seinen Überlegungen zur Zeit im 11. Buch der Confessiones sagen lassen. «Was also ist die Zeit? Wenn niemand mich danach fragt, weiß ich's, will ichs aber einem Fragenden erklären, weiß ich's nicht.«[3]. Aber damit ist auch die Anziehungskraft der Zeitfrage verbunden, die, so Wittgenstein, auf die komplizierte Grammatik zurückzuführen ist, den der Ausdruck »Zeit« gehorcht. Er legt es daher nahe, sich schlicht an die von jedem erfahrenen »zeitlichen« Sachverhafte zu halten: »It is not new facts about time we want to know. All the facts that concern us he open befbre us. But it is the use of the Substantive >time< which mystifies us.«[4]

Auch Bieri verzichtet daher auf eine Definition der »Zeit«, sondern geht von einem Zeitbegriff aus, der sich auf die unmittelbaren Gegebenheiten unserer Zeiterfahrung bezieht.

---

[2] und zwar auf Blue Book, New York 1958, S. 6 u. 26ff. und Philosophische Untersuchungen, Frankfurt 1960, 89f.; vgl. Bieri, S. 15,Fn.2
[3] A.Augustinus, Bekenntnisse, Zürich, 7. Aufl. 1994, S.312
[4] zit.n. Bieri, S. 15

2. Der Zeitbegriff: A- und B-Reihe

Bieri geht von der Zeiteinteilung J.E. McTaggarts[5] aus. Dieser spricht von zwei verschiedenen »po-sitions in time«, die wir ernehmen, und zwar:

- Jede Position ist entweder *früher* als andere oder *später* als andere.
- Jede Position ist entweder *vergangen, gegenwärtig* oder *zukünftig*.

Entscheidend ist: Die Unterscheidung nach früher und später *ist feststehend*, die andere nicht. Denn: wenn x früher als y, ist es *immer* früher. Aber ein Ereignis, das *jetzt* gegenwärtig ist, *war* zukünftig und *wird* vergangen sein.McTaggart bezeichnet die Reihe von Positionen, die von der weiten durch die nahe Vergangenheit zur Gegenwart laufen, und dann von der Gegenwart zur nahen und fernen Zukunft und umgekehrt, als *A-Reihe.*

Die Reihe von Positionen, die von früher zu später läuft und umgekehrt, nennt er *B-Reihe.* Dabei bilden die Inhalte jeder Zeitposition ein Ereignis.

Bieri ersetzt die Rede von >Zeitpositionen< ganz durch den Begriff >Ereignisse<, wodurch sich für ihn die zwei elementaren Sachverhalte ergeben, die unsere Zeiterfahrung, daß etwas >in der Zeit ist<, ausmachen[6]:

* Ereignisse sind nach den Relationen >früher als, >später als<, und >gleichzeitig mit< geordnet. Diese Zeitordnung ist *unveränderbar.* Er spricht nach McTaggart hier von der *B-Reihe* und B-*Relationen,*

- Ereignisse sind zeitlich als >vergangen<, >gegenwärtig< und >zukünftig< unterschieden. Diese Bestimmungen ordnen Bestimmungen in einer *A-Reihe,* sind *A-Bestimmungen.* Diese Ordnung ist nicht konstant. Ein gegenwärtiges Ereignis war zukünftig und wird vergangen sein. Den Wechsel von A-Bestimmungen bezeichnet er als *zeitliches Werden.*

Von diesem zeitlichen Werden unterscheidet er noch zwei andere Fälle des Werdens:

- x wird y, wobei y ein Prädikat ist wie >rot< oder >warm< werden. Dies ist *einfaches Werden.*
- etwas >wird<, indem es überhaupt zur Existenz kommt, oder etwas Neues tritt ins Geschehen. Dies wäre *absolutes Werden.*

---

[5] in dessen Studie: Time and the World Order, im Minnesota Studies in the Philosophy of Science, VoLIII, Minneapolis 1962
[6] vgl. Bieri, S. 16f.

Diese Formen fallen für ihn deshalb unter Zeitlichkeit, weil sie zumindest B-Relationen voraussetzen.

Die entscheidende Frage ist jedoch für ihn: Setzen einfaches und absolutes Werden nicht zugleich auch A-Bestimmungen voraus, und in welcher Beziehung stehen sie zum allgemeinen zeitlichen Werden? Hier bezeichnet er das allgemeine zeitliche Werden als »Werden *der* Zeit« und das einfache und absolute Werden als »Werden *in* der Zeit«.

Seine Argumentation läuft nun darauf hinaus, daß man zumindest der B-Reihe, also der Unterscheidung nach früher und später, den Realitätscharakter nicht absprechen kann, auch wenn diese in engem Zusammenhang mit der A-Reihe steht, nach der seit Augustinus unser (>bloß< inneres) Zeitbewußtsein beschrieben wird.

Die B-Reihe stellt für Bieri das Konstruktionsprinzip der A-Reihe dar. Selbst wenn die A-Reihe nur >subjektiv< auftrete, ergebe sich immer noch die Frage, ob nur eine der Reihen oder beide Reihen zusammen die Kriterien einer >objektiven< Zeit erfüllten.

Im folgenden überprüft Bieri anhand seines Zeitbegriffs sowohl die Begriffsanalyse von >Zeit< als auch die auf Zeiterfahrung beruhenden Positionen Kants und Husserls daraufhin, ob diese tatsächlich die Annahme der >Irrealität< von Zeit zwingend erforderlich machen.

IV Das Realitätsproblem

1. Nach der Begriffsanalyse

Bieri bezieht sich zunächst primär auf McTaggarts Irrealitätsbeweis der Zeit. Generell gehe die Begnffsanalyse davon aus, daß zeitliche Bestimmungen, da sie in sich widersprüchlich seien, nicht real sein können: Daß ein- und dasselbe Ereignis sowohl als vergangen, gegenwärtig als auch als zukünftig bezeichnet werden kann, schließt sich gegenseitig aus, führe zu absurden Konsequenzen; diese zeitlichen Bestimmungen seien daher irreal. Bieri versucht nun, die A-Reihe und das zeitliche Werden so zu interpretieren, daß sie nicht als widersprüchlich und damit nicht per se als irreal aufgefaßt werden müssen.

McTaggart kennzeichnet die bloße B-Reihe als eine *unzeitliche* Struktur. Verzeitlichung von Ereignissen erfolge erst, wenn diese - ob nun als früher oder später anzusehen - in die A-Reihe als vergangen, gegenwärtig oder zukünftig eingeordnet werden und daher immer in den Zusammenhang mit der widersprüchlichen, irrealen Zeitstruktur geraten. Dabei ist die Veränderung von Ereignissen, wie sie in A-Bestimmungen zum Ausdruck kommt, als notwendige Bedingung für >Zeit< anzusehen.

Wenn also die A-Reihe die Zeitlichkeit der B-Reihe erst ausmacht und Veränderung von Ereignissen auch nur durch A-Bestimmungen zum Vorschein kommt, dann steht man vor dem paradoxen Ergebnis, daß die A-Reihe *zugleich* notwendige Bedingung für die B-Reihe *und für sich selbst* (als Ausdruck von Veränderung) ist: *Wenn die einzige Veränderung die der Zeit selbst ist, setzt Zeit sich selbst voraus*[7].

Nach Bieris Auffassung kann jedoch die Veränderung von numerisch Identischem - also ein- und demselben Ereignis - durchaus allein mittels B-Bestimmungen formuliert werden. Hier bezieht er sich auf *Bertrand Russetts* Definition von Veränderung:»Change is the difference, in respect of truth or falsehood, between a proposition concerning the same entity an a time T an a proposition concer-

---

[7] ebd, S. 28

8

ning the same entity an another time T', provided that the two propositions differ only by the fact that T occurs in the one where T' occurs in the other.«[8]

Diese Definition deckt den Sachverhalt des einfachen Werdens, den Bieri als unabhängig von A-Bestimmungen eingefühlt hat.

Er kommt daher zu dem Ergebnis, daß zeitliches Werden durchaus der B-Reihe zuzuordnen ist und daher einem *realen* Vorkommen entspricht, zumal wenn man davon ausgeht, daß nach >früher / späten nicht nur Ereignisse, sondern ganze Sachverhalte geordnet werden, die darin bestehen, daß einem Ereignis eine A-Bestimmung zugeordnet wird. Nach Bieri *ordnen B-Relationen also ganze Sachver-halte - nicht allein bloße Ereignisse - innerhalb des zeitlichen Werdens,* und die Frage nach der realen Zeit kann durch Begriffsanalyse allein nicht konsistent beantwortet werden; eine Analyse der Zeiterfahrung ist erforderlich.

2. Objektive / subjektive Zeiterfahrung

Zentrale Frage im Bereich der Zeiterfahrung ist für Bieri, ob wir *reale* Zeit nach A-Bestimmungen zur Kenntnis nehmen, ob A-Bestimmungen sozusagen unsere inneren Wahrnehmensmodi für real gegebene Zeit sind[9]. Nehmen wir reale B-Reihen nach A-Bestimmungen zur Kenntnis? Sind diese Zeitstrukturen als Erfahrungsdaten zu verstehen wie andere (Gegenstands-)Wahrnehmungen?[10]

Daß Zeiterfahrung nicht mit anderen Erfahrungen gleichgesetzt werden kann und nicht aus einer realen Zeit abgeleitet werden kann, hat *Kant* in der Kritik der reinen Vernunft ausgeführt. Bieri faßt Kants Argumente in vier Punkten zusammen:

a Zeit ist kein empirischer Begriff, der von Erfahrung abgezogen werden könnte. Die Zeitvorstellung liegt der Wahrnehmung *a priori* zugrunde.

b Zeit ist eine *notwendige* Voraussetzung aller Anschauung.

---

[8] zit. n. Bieri, S. 26

---

[9] Genau hier wäre zu fragen, ob dann die Frage nach >real gegebener Zeit< überhaupt fruchtbar ist. Wenn denn Wahrnehmen und Erkennen überhaupt nur dadurch möglich ist, d.h. funktioniert, wenn das Bewußtsein Verzeitlichungen (Sukzessionen) vornimmt - wird dann die Suche nach realer Zeit nicht obsolet? Woher will das Bewußtsein wissen, ob außerhalb seiner Operationen Zeit existiert, wenn es, um überhaupt *irgendetwas* wissen zu können, schon auf zeitliches Operieren angewiesen ist?
[10] vgl. Bieri, S. 79ff.

c Diese Notwendigkeit a priori ist die Grundlage für apodiktische Grundsätze der Zeitrelationen oder Axiomen von Zeit überhaupt. Ohne diese Grundsätze gebe es keine Allgemeingültigkeit oder apodiktische Gewißheit.

d Die Zeit ist kein diskursiver, allgemeiner Begriff, sondern eine *reine Form der sinnlichen Anschauung.*

Danach gilt >Zeit< als eine rein subjektiv vorliegende Struktur; als Wahrnehmungsapriori. Bieri nennt Kants Argumente einen >erkenntnistheoretischen< Irrealitätsbeweis von Zeit (im Gegensatz zu demjenigen McTaggarts, den er als >begrifflichen< Irrealitätsbeweis bezeichnet). Aus Kants Argumenten müßte der Begriff einer realen Zeit durch den einer x>bjektiven<, nur durch >intersubjektive< Verständigung möglichen, ersetzt werden. Bieri spricht bei dieser Position von einer »transzendentalen Einschränkung«, da sie die Annahme von der real gegebenen Zeit auf eine bloß objektiv feststellbare reduziert11. Er unterscheidet dabei eine stärkere und eine schwächere Einschränkung. Die stärkere geht davon aus, daß es keine reale Zeit gibt und man die transzendentale Einschränkung vollziehen muß - darauflaufen die Positionen Kants und Husserls hinaus - ; die schwächere, überwiegend in der Physik vertretene Position besagt, daß das Realitätsproblem unentscheidbar ist und es daher nur sinnvoll ist oder nahelegt, lediglich über objektive statt real gegebener Zeit zu sprechen.

Bieri geht hier von der sprachanalytischen Diskussion aus, um zu klären, ob McTaggarts A- und B-Reihe jeweils in demselben Maß als >objektiv< feststellbar bezeichnet werden können. Das führt zu semantischen Überlegungen: Über die subjektive oder objektive Zuordnung der beiden Zeitreihen entscheidet die Analyse der Ausdrücke >früher als<, >später als< sowie >vergangen<, >gegenwärtig< und >zukünftig<. D.h., wenn die Sätze, in denen diese Ausdrücke auftreten, sich ohne Bezugnahme auf subjektive Ereignisse verstehen lassen, sind die Sachverhalte >objektiv<.

Nimmt man jedoch auf ereignishafte Erlebnisse eines einzelnen Bezug, dann sind diese Sachverhalte der > subjektiven< Zeit zuzuordnen

---

[11] ebd, S. 82

Auch hier sind es die B-Relationen, die stärker verallgemeinerbar sind und die daher auf (semantische) Objektivität verweisen: »Die beiden B-Relationen >früher als< und >später als<, die jeweils entgegensetzte >Richtung< haben, sind nicht auf eine Erfahrungsperspektive angewiesen, und sie können deshalb als semantisch objektive Zeit gehen.«12 Obwohl also in der Alltagssprache sowohl Ereignisse nach früher / später als auch diejenigen, die nach vergangen, gegenwärtig, zukünftig eingeteilt werden, objektiv gesetzt werden, zeigt die semantische Analyse nach Bieri, »daß sich nur die erste Zeitreihe (B-Reihe) durch eine Struktur der Welt objektivieren (läßt), und die A-Reihe sowie das zeitliche Werden müssen, entgegen den objektivierenden Implikationen von deren gewöhnlicher sprachlicher Formulierung, nach dem stärkeren Objektivitätskriterium unserer Zeiterfahrung als nur subjektive Zeit gelten.«[13]

Aber auch die bewußtseinsphilosophischen, deskriptiven Analysen Husserls zur »inneren Zeiterfahrung«[14] überzeugen Bieri nicht, daß die transzendentale Einschränkung die Frage der real gegebenen Zeit gelöst hätte; die Reduktion sei vielmehr unhaltbar:

»Jede transzendentale Reduktion von Zeit auf einen Modus von Subjektivität hat zur Konsequenz, daß Subjektivität und mit ihr Zeiterfahrung als etwas interpretiert werden muß, was selbst nicht >in der Zeit ist<, denn dasjenige, das Zeit konstituiert, kann ihr als dem Konstituierten nicht selbst wieder unterliegen, wenn es denn nicht nur derivativ verstanden werden soll. Wenn es nun zu zeigen gelingt, daß sich Zeiterfahrung, auf die Zeit durch diese Position reduziert wird, nur verständlich machen läßt, wenn man eine Zeitstruktur bereits voraussetzt und damit annimmt, daß sie selber ein Geschehen >in der Zeit ist, hat man die Realität der Zeit bewiesen.«[15]

---

[12] S. 129
[13] S. 176
[14] in seinen berühmten, an die Überlegungen Augustins anschließenden »Vorlesungen zur Phänomenologie des inneren Zeitbewußtseins« (Tübingen 1980), kommt Husserl zu dem Ergebnis, daß das Bewußtsein im Prozeß der Wahrnehmung die Zeit >unthematisch< durch Retention, Jetztpunkt und Protention konstituiert, wodurch die Ausdehnung der Gegenwart entsteht und die Möglichkeit, reflektiert auf Daten im Rückgriff (Erinnerung) und Vorgriff (Erwartung) zuzugreifen.
[15] Bieri, S. 178

So ist denn für Bieri die anfangs erwähnte Universalität der Zeit der Schlüssel zu einem möglichen Beweis der Realität von Zeit und für die Unhaltbarkeit der transzendentalen Einschränkung, und dies nur im Falle von Zeit, nicht in dem der Raum- und Gegenstandserfahrung.

Allerdings: Im Hinblick vor allem auf die Forschungen der Quantenphysik wäre eher zu vermuten, daß Zeit keine Struktur >der< Wirklichkeit ist, sondern daß Zeitlichkeit eine Struktur allein des Bewußtseins ist, mit deren Hilfe es überhaupt in die Lage versetzt wird, eine (seine) >Wirklichkeit< zu konstituieren, unabhängig davon, ob diese nun >Realität< genannt wird oder Illusion.